AF562804

MÉMORANDUM HISTORIQUE

POUR SERVIR

A L'EXPLICATION DU TABLEAU

DONNÉ CI-APRÈS.

Opuscule destiné au Congrès scientifique

réuni à la Rochelle en 1856.

PARIS,

TYPOGRAPHIE DE FIRMIN DIDOT FRÈRES,

RUE JACOB, 56.

—

1856.

MÉMORANDUM HISTORIQUE

POUR SERVIR

A L'EXPLICATION DU TABLEAU

DONNÉ CI-APRÈS.

Opuscule destiné au Congrès scientifique réuni à la Rochelle en 1856.

Les preuves dudit tableau, qui n'est que l'abrégé d'un autre, ne peuvent l'accompagner, car elles sont en partie la matière d'un ouvrage dont voici l'intitulé : *Origines gallo-franques*, compendium chronologique touchant *Mérovée Ier*, ses proches aïeux et sa race. L'*Extraction de S. Arnoul*, auteur connu des Carliens ; celle de *Robert le Fort*, père également avéré de la ligne capétienne ; le tout démontrant par les chartes, les chroniques et autres pièces que l'*antique maison de* France est une en trois dynasties, mais non comme il a été dit, etc., etc. Toutes résultent de textes, sauf les cas, en petit nombre, où l'absence regrettable de témoignages absolus a forcé d'y suppléer, non toutefois *ad libitum*, mais par induction empruntée aux circonstances de la cause. Voici l'exposé succinct de celles qui paraissent être de nécessité majeure. Nos anciens ménageaient les phrases ; croyant devoir les imiter, je le fais autant que possible. Ici les alinéa m'ont encore semblé meilleurs. L'ordre est celui des filiations.

I. Théodoric, duc ou comte, proche parent de Charlemagne (cousin issu de germain), était gouverneur en Saxe : *Quibus in ipsa Saxiona obviavit Theodoricus, comes, propinquus regis* (Eginhart, *voir* aussi Thégan).— « S. Guillaume naquit sous le règne de Pepin. Il était fils du comte Théodoric et d'Aldane.

Son père était proche parent et de *la même race* que Charlemagne (Vaissette). » Cette parenté venait par un second fils de Pepin, frère de Charles Martel, nommé Drogon (duc de Bourgogne), né comme lui d'une femme *épousée* avant Plectrude, laquelle était *Slichildédride*, princesse bavaro-lombarde, veuve et *mère de Childebrand*, d'où le fameux *germanus*, qui a tant vicié l'histoire ; curieuse révélation rigoureusement justifiée dans notre chronologie ; puis Arnulfe, duc de Bourgogne, fils de ce même Drogon.

II. S. Guillaume, duc d'Aquitaine. Dans ses chartes pour Gellone, monastère fondé par lui, ce prince, fort connu d'ailleurs, cite *Théodoric*, son père, sa mère *Aldane*, ses frères, savoir *Theudoin*, *Théodoric*, *Adelelme* (ajoutez *Guillaume*), ses deux femmes *Cunégonde et Guitberge*, plusieurs fils nommés *Bernard*, *Wilgarius*, *Gaucelme*, *Adelelme* (11), auxquels il faut joindre *Herbert* dont, sans le plus léger doute, l'existence est établie (voir dom Vaissette et Mabillon), sa fille *Hélimbruch* ou *Gerberge ;* enfin ses sœurs *Albane* et *Berthe.*

III. Bernard, qu'avaient précédé trois frères qu'il survéquit, d'abord duc de Septimanie, devint après duc d'Aquitaine ; tué, dit-on, par Charles le Chauve. Branche éteinte en son petit-fils.

IV. Herbert, privé de la vue par ordre du roi Lothaire et relégué en Italie, eut pour fils *Robert le Fort* (troisième, dont le premier fils est *Hugues l'Abbé*, tout autre que l'*abbé Hugues*, dernier fils de Conrad le Vieux d'Auxerre), fait déjà publié à part et qui donne *enfin* l'origine de la race capétienne. Les *preuves* développées sont incluses audit ouvrage.

V. Adelelme I, frère puîné (quatrième) de S. Guillaume, eut pour fils (*loco citato*) : *Bernard* (comtes de Poitiers, *alias* ducs d'Aquitaine, défaillis avec le père de la célèbre Éléonore), *Hilduin*, abbé de Saint-Denis, *Wlgrin*, comte d'Angoulême, double fait que, par les chartes, établit notre dit travail, et qu'on peut résumer ainsi : Wlgrin était frère d'Hilduin ; les frères de ce dernier étaient *Bernard* et Gérard ; Bernard, sans la moindre équivoque, était fils d'Adelelme I ; donc enfin, etc.,

Gérard, *Guillaume*, lequel a fait les comtes d'Auvergne indubitablement éteints malgré tout *dire* contraire, *Émenon* (comtes de la Marche, du Périgord, seconde race, également défaillis, et ceux qu'on va mentionner), d'abord comte de Poitiers, puis d'Angoulême après la mort de son frère *Turpion* qui fut le dernier enfant, tué en 865. Comte aussi du Périgord.

VI. Arnaud, premier fils d'Émenon, eut d'abord un commandement *in pago Lemovicino* (voyez ce qu'on dira plus loin), puis le duché de Gascogne après Sanche-Sanche, son oncle, à savoir frère de sa mère. Tué en 872 sans laisser aucun rejeton: *Eo tempore apud Gascones... ducatus apicem Arnaldus vir illuster obtinebat. Hic etenim filius cujusdam comitis Petragoriensis vocabulo Imonis fuerat, et avunculo suo sanctioni qui ejusdem gentis dux fuerat in principatum successerat* (Transl. B. Faustæ, *inter act. ss. ord. S. Bened*, tome VII, 757).

VII. Adelelme II, autre fils, vu, selon les annalistes, qu'il était frère d'Adémar ou Aimar, fils incontesté du précédent Émenon : *Emeno reliquit filium Ademarum qui processu temporis Pictavis comes effectus est* (Adem. Caban.). — *Frater Ademari comitis Adalelmus* (Vit. S. *Geraldi*).

VIII. Aimar, nommé ci-dessus, fait tard comte de Poitiers, fut contraint de céder la place au jeune Eble, issu de Bernard. Mort vieux *sine liberis*.

IX. Geoffroy, comte de Charroux, *alias* Marche limousine, était fils d'Adelelme II, car il avait pour oncle Arnaud, frère de ce même Adelelme qui, seul, eut postérité : *Mitterunt autem quandam monachum religiosum scilicet sacerdotem nomine Adalricum cum nepote ejusdem ducis Arnaldi nomine* Gotofrido *qui in illis partibus tunc iter carpebat* (Transl. B. Faustæ). Il s'agit de Solignac, à six milles de Limoges. Notez qu'Arnaud, affectionnant et protégeant ce monastère, qu'il voulait doter de reliques, objet du voyage susdit, commandait en Limousin, ou, si l'on veut, en ces parages, avant d'obtenir la Gascogne, et comme il n'avait pas d'enfants, que son neveu, suivant la règle invariable à cette époque, dut être choisi pour comte de la Marche limousine nouvellement instituée ; bref, qu'au fait, ce fut un *Geoffroy* qui devint comte de Charroux (*in pago Briocense ;* conséquemment haut Poitou), capitale de cette Marche.— *Foulques*, vicomte de Limoges, *Robert*, vicomte de Turenne, furent frères de ce Geoffroy par les raisons exposées à leurs articles respectifs.

X. SULPICE naquit de Geoffroy, fut père de BOSON le Vieux, d'abord comte de la Marche, ensuite du Périgord, mais non pas régulièrement, lequel Boson a formé les comtes de ces provinces. La Chronique de Maillezais le dit en termes absolus : *Et Audeberti comitis Marchiæ qui fuit filius Bernardi, qui fuit Audeberti, qui fuit Bosonis* (le Vieux), *qui Sulpitii, qui fuit Gosfridi primi comitis de Carrofo.* Il eut également pour fils HUGUES surnommé *le Veneur*, premier sire de Lusignan. La preuve est que Hugues IV ayant épousé Almodis, fille certaine de Bernard alors comte de la Marche, fils d'Adalbert, fils lui-même du précédent Boson le Vieux, ce mariage fut cassé pour cause de parentage (au quatrième degré), et qu'il a fallu pour cela que Boson et le Veneur aient été frères (de père) ; c'est encore une découverte, car tout le monde ignorait la tige des Lusignan. Deux autres fils ont formé les Parthenay et les Talmont.

XI. RENAUD Ier, sire de Ponts (vers 898), qu'on trouve dit *Senior*, fut un autre fils de Geoffroy. Si, jusqu'à cette heure, aucun texte ne donne expressément le fait, plusieurs notables circonstances viennent témoigner à l'appui ; soit comme rapide analyse : *Primo*, que les sires de Ponts relevèrent toujours en plein des ducs-comtes de Poitiers, ne leur devant rien que l'hommage rendu *debout et armé* contre l'ordinaire pratique : « Sire véez la tour et le chastel de Pons que je tiens à homage de vous et autre devoir ne vous en doy ; » que cela est évidemment un indice de famille à l'égard des susdits comtes ; que n'étant pas de leur ligne, car tout résiste au système, ils ont dû venir d'un frère de Bernard qui les forma ; qu'Émenon est le seul frère qui, sauf le comte d'Auvergne notoirement hors de cause, et Wlgrin, comte d'Angoulême, dont la race tomba en quenouille, ait laissé des rejetons ; que le fils de cet Émenon fut Adelelme et que Geoffroy dut le jour à ce dernier. *Secundo*, qu'un ancien usage perpétué à travers les siècles voulait qu'un des petits-fils relevât le nom de l'aïeul, et que, de fait, ledit Renaud nomma *Geoffroy* son premier fils. *Tertio*, que, par les actes, le comte de Poitiers voulait enlever au même Renaud la moitié de son partage, voire le *déshériter*, et que cela ne s'explique qu'avec la supériorité d'un aîné sur un cadet, d'autant qu'on ne *déshérite* qu'un *héritier* de la maison : *Postquam vero Reginaudus de Ponto senuit, comes Pictavensis volens auferre ab eo medietatem sui onoris, cœpit eum opprimere, quamobrem Reginaudus submonuit et rogavit Robertum filium Heliæ qui placitum fecerat* (savoir Hélie *de Ponto*) *ut eum adjuvaret contra comitem et ne permitteret eum* exhereditare; *sed Robertus de Ponto omnino sibi auxilium denegavit nisi tali pacto quod demitteret sibi quidquid in placito cum patre suo fecerat de alode Feugerac* et de Broenc (Briou)... *Quod ipse* (Renaldus) *tamdem coactus vellet ac nollet concessit, etc.* (Arch. du chât. de Ponts. *Vieux mémorial* communiqué). *Quarto*, qu'une ancienne chapelle du propre château de Ponts avait été dans le principe un aleu des ducs d'Aquitaine, comtes de Poitiers : *Notum sit successoribus nostris quod Wido comes Pictavensis donavit sancto Florentino et ejus monachis, capellam castri quod* Pons *dicitur cum omnibus eadem pertinentibus... quæ* alodus ab antiquo fuerat, etc. *Datum anno ab Incarnatione Domini* M.LXXXIII, etc. (Cartul. de *S. Florent.*), et que, suivant la politique de cette époque batailleuse qui voulait que les aînés se réservassent des aleux (spécialement quelque église) dans la portion des cadets, même encore *vice versa*, les comtes de Poitiers n'ont pu avoir dans le *castrum* de Ponts un objet aussi notable que la *chapelle du château*, sans que le fait ait eu pour cause tel partage entre deux frères (ici Bernard et Émenon), tant il est clair, au surplus, que, dès la première origine, le *castrum* et sa chapelle ont dû avoir un seul maître (Adelelme I en ce cas). *Quinto*, historiquement qu'Armand Maichin reproduit une vieille tradition qui remontait le principe des seigneurs saintongeois de Ponts aux *anciens comtes d'Angoulême*, vu que par ces *anciens comtes* il faut entendre

Turpion, Émenon et Wlgrin après, tous frères du comte Bernard, ce qui équivaut à dire que les seigneurs dont il s'agit étaient venus d'Adelelme I, joint à ce que l'auteur cité, notant que les sires de Ponts ne marchaient guère inférieurs auxdits comtes d'Angoulême, corrobore la croyance qu'ils étaient de même race. *Sexto*, que, par droit de famille, les sires de Ponts succédèrent dans le comté de la Marche aux sires de Lusignan; que ces derniers, successeurs *jure consanguinitatis* des premiers comtes défaillis, témoin le mariage annulé dont il s'est agi plus haut, parce que les Périgord avaient renoncé aux deux Marches, remontaient leur origine par Geoffroy, comte de Charroux, au susdit Adelelme I; bref, enfin, que le témoignage relatif aux Lusignan est conséquemment applicable aux sires ou princes de Ponts, etc., etc. Il n'est pas dès lors nécessaire de rechercher à quelle époque les sires en question usèrent de la *souveraineté* qu'eux-mêmes, au demeurant, se reconnaissaient bel et bien, comme l'expriment ces mots : *Dum ego R. de Ponte junior, filius Domini de Ponte*, regnarem, etc. — *Helias Rudelli Dominus de Ponte et Montiniaco*, etc... *Dedi inquam eidem in feudum... et sextam partem in* souveriantem *nostram de Ponte*, etc. Membres plus ou moins puissants de la maison d'Aquitaine, dont l'auteur (Théodoric) était du sang de Charlemagne, ils l'exercèrent *toujours*, sauf l'hommage envers leurs aînés et plus tard envers la couronne. Ne pas oublier qu'ils figurent comme *barons du royaume* dans le catalogue dressé par ordre de Philippe-Auguste. On n'a pu, faute de l'espace qu'exigerait l'assertion, justifier les droits successifs des sires quant à la Marche. Il sera dit néanmoins : 1° que le testament de Hugues XII, le Brun, en faveur du sire de Ponts, fils d'Iolende, sa sœur, porte : *Dono, cedo, solvo et perpetue quitto ;* puis, que les verbes *solvere* (payer, acquitter, satisfaire) et *quittare*, lequel implique l'existence de quelque dû, seraient vainement cherchés dans une donation gratuite; 2° que Gui ou Guiart, devenu comte de la Marche après son frère précité, fit également héritier Hélie-Rudel I du nom, fils du premier institué; 3° que le roi Philippe opposa par son procureur que le testament était *faux*, ne le reconnut jamais, mit l'héritage en sa main, et, moyennant un accord de l'an 1327, le relaxa, toutefois, *esmu de grace et pitié, sauve la soveiraneté*, disait-il pour ne convenir qu'un titre meilleur que l'autre invalidait la saisine, fait que manifestent au surplus ces termes du codicille d'Iolende *comitissa Marchiæ et Engolismæ*, aïeule de Hélie-Rudel, sire de Ponts, qu'elle avait institué son hér tier... *Volentes quod præsens ordinatio nostra valeat jure donationis causa mortis vel jure ultimæ voluntatis, videlicet* meliore jure quo valere poterit *ad utilitatem dicti nepotis mei*, etc. (Titre du *vieux mémorial*), si néanmoins tel est le sens.

XII. GEOFFROY I, fils de Renaud, est donné par ces paroles extraites dudit Mémorial : *Sed Reginaudo de Ponto confracto senio, venit ad eum Segnoretus de Sancto-Johanne, et quæsivit ab eo terram de Corcorriu quam dedit, etc... Quo mortuo* (Segnoreto) *Reginaudus terram suam* (Courcoury) *accepit et habuit et post mortem* (Segnoreti) *filium suum Joffredum vestitum dimisit.* Puis ces autres : *Gaufredus vero filius Reginaldi de Ponto expetiit rectum ab Roberto de injuria facta quam patri suo intulerat; sed ipse*, etc. — RENAUD semble être un second fils, vu l'épithète *senior* que le mémorial cité donne au susdit Renaud I, qui présuppose un *junior*. — Le même écrit porte ces mots : *Willelmus Boech qui erat de progenie sua* (assavoir de Renaud) *et qui habebat partem suam in onore Ponti* (preuve que plusieurs enfants avaient part au bénéfice), *occiderat patrem Constantini Crassi* (voir plus loin à son égard), *quo propter Helias de Ponto cujus frater Constantinus Crassus ille qui mortuus fuerat, imposuit Reginaldo de Ponto post mortem Willelmi Boech quod ipse Willelmus Boech dederat sibi omnem partem suam quam habebat in allodiis Pontensis onoris*, etc. Remarquez que le passage prouve deux Constantin le Gras, en ce que le mort était père d'un *Constantinus Crassus*, et que Robert *de Ponto* dit que le défunt, son frère, avait également le nom de *Constantinus Crassus*. Il paraît en résulter que Guillaume Boech, étant dit *de progenie* de Renaud, a dû être son petit-fils, partant, né de Renaud *le jeune*. — On trouve encore un *Geof-*

froy Boech qui prétendait des droits à Ponts : *In eadem curia fuit placitum inter Reginaudum de Ponto et Joffridum Boech inde iterum curia judicavit nullum rectum habere Joffredo in onore Ponti, et Reginaudus semper habendam.* (*Ibid.*) Il était de la famille, et, selon toute apparence, frère de Guillaume Boech.

XIII. Geoffroy II et son frère Aimar sont notamment établis par le même *vieux mémorial*, qui donne à lire ces mots, traduction, comme le reste, d'un très-antique parchemin : « Geoffroy, sire de Pons, fils de Geoffroy, premier du nom, aussi sire de Pons, exécuta le commandement de son père, secourut et assista de ses forces Arnauld, comte d'Angoulesme, contre les usurpateurs de ses terres ; et puis après, suivant le parti de Hugues Capet contre Charles, duc de Lorraine, frère du roy Lothaire, fut tué à la bataille que perdit Capet près de Laon (988 ou 9), laissant sa succession à son frère Aimart, encore jeune et a pene hors de l'enfance. » Les preuves faites par Antoine pour l'ordre du Saint-Esprit l'indiquent sans le nommer : « L'an neuf cens quatre vingts neuf, Aymard fut sire de Pons par le décez de son frere aisné. »

XIV. Baudouin, Bertrand le Fort, Raoul, Poncius et Geoffroy III, à partir duquel tout est clair, sont amplement justifiés par leurs articles respectifs inclus dans la chronologie dont il a été question.

XV. Constantin le Gras I de Ponts, Constantin le Gras II idem, Hélie et son fils Robert, sont parfaitement notés par les termes du vieil instrument, *Willelmus Boech*, etc. ; et ceux-ci : *Postquam vero Reginaudus*, etc., qu'on peut voir transcrits plus haut, joints à ce que, pour le surnom de Constantin le Gras I, Helias est dit *de Ponto* et frère de ce dernier.

XVI. L'héritière de cette branche très-rapidement éteinte, que nous disons la *Sénégonde*, mariée à Cadélon II, vicomte d'Aunay, s'établit à divers égards concluants. Un est : 1° que Sénégonde avait des propres à Briou, dans la Marche limousine (voir ce qu'on a dit plus haut) : *Senegundis concessit monachis Sancti-Cypriani* hæreditatem suam *quæ in diversis locis* jure hæreditario *competebat... imprimis alodum suum in pago*

Alienense (Aunix)... *in pago Briocense* (Briou), etc... *Hæc omnia concessit et filium quoque suum* (Cadélon III) *tradidit.* 936 (Besly, 249). — *Katalo* seu *Kadelo vicecomes et uxor ejus Senegundis alodum suum in pago* Briocense *qui vocatur Vindolemia Odoni abbati* (de S. Maixent) *dederunt* (Gall. Christ., II, 1248). 2° Que le territoire de Briou (*Broenc*) dans l'acte, autant qu'on en peut juger, car le mot est peu lisible à raison de la vétusté, était primitivement à Renaud I, sire de Ponts, puisqu'il dut en abandonner une portion telle quelle à Robert *de Ponto,* neveu dudit Constantin le Gras I. 3° Que le principal se retrouve subséquemment aux mains des sires de Ponts : *Notum sit... quod Gaufridus de Ponte et Pontius frater ejus et soror ejus Pontia et Guillelmus de Bria* (Briou, attendu que *Bria* est le nom latin de *la Brie*, qui n'a rien à faire ici), *miles, dederunt Deo et beatæ Mariæ, abbati et fratribus de Framela* (la Frénade; preuve qu'ici les noms de lieux sont altérés), *pro salute animarum suarum a Curcuriu,* etc. (titre du vieux mémorial); car la donation collective dans Courcoury, patrimoine de Geoffroy, sire de Ponts, de son frère, de sa sœur et de Guillaume de *Briou*, domaine que Renaud I posséda sans aucun doute : *et quæsivit ab eo terram de Corcorriu* (voyez plus haut), établit, sauf erreur de nom, que le précité Guillaume était quelque membre de Ponts ayant eu, sinon Briou, du moins la portion domestique. Notez que cette hypothèse fortifierait les raisons exposées en témoignage que Renaud I était fils de Geoffroy, comte de Charroux, puisque Charroux se comportait *in pago Briocense*, et que les aleux à Briou ne sauraient guère être autre chose qu'un héritage de Geoffroy.

Un second motif à donner est la possession respective au lieu nommé *Saint-Sever* (non éloigné de Courcoury; Bourignon, p. 304) des sires de Ponts subséquents et des vicomtes d'Aunay, en ce que dès l'origine une portion de *Saint-Sever* aurait été le partage de Constantin le Gras I, cependant que l'autre portion serait demeurée à Renaud, qui l'aurait transmise aux siens, alors que par Sénégonde l'avoir dudit Constantin venu aux vicomtes d'Aunay fut donné à des monastères, témoin les deux faits suivants : « Elle eut (Marguerite de Montignac), entre autres enfants : 1°, etc. ; 4° Ponce de Pons, à qui son père assigna pour partage la terre de Courcoury avec ses appartenances, ainsi que les biens que sa famille possédait à *Saint-Sever* (Courcelles, art. de Pons). » — 1070. Donation faite par Guillaume, vicomte d'Aunay, aux religieux de Saint-Jean d'Angely, de tout le patrimoine qu'il possédait à Sainte-Marie d'Orval, avec la troisième partie de l'église de *Saint-Sever*... La moitié de cette terre de *Saint-Sever* appartenait à Constantin le Gras (branche d'Aunay provenue de Sénégonde) et à Renaud de Gemald, qui l'avait cédée en 1069 à Saint-Jean d'Angely (*Cartul.* de cette abbaye, Bibl. roy., copie, fol. 118 recto). — Guillaume, vicomte d'Aunay, ayant octroyé la troisième partie de l'église de *Saint-Sever* à Saint-Jean d'Angely, Cadélon, son fils, alors vicomte, lui donna les deux autres tiers, avec la faculté d'acquérir toutes sortes de biens dans sa juridiction, attribuant aux religieux toutes les eaux, terres cultes ou incultes qu'il possédait à *Saint-Sever*, excepté le fief de Renaud de Pons (membre du rameau précité qui se qualifiait *de Ponto*, à cause des biens en Pontois qu'avait apportés Sénégonde). Voir le susdit *Cartulaire*.

Un autre motif est encore qu'un fils de Cadélon III, fils dudit Cadélon II et de ladite Sénégonde, reçut le nom de Constantin : *Ego in Dei nomine Kadelo vicecomes, sive fratres mei nomine unus Radulfus, alter quoque* Constantinus *et nostra mater Arsenda*, etc. (femme de Cadélon III ; donc, nulle équivoque possible ; *Cartul.* de Saint-Jean, *ibid.*, p. 35), après lequel se rencontrent plusieurs *Constantin le Gras* jusqu'au règne de saint Louis, et que le troisième fils de la même Sénégonde, auteur du rameau d'Aunay qui affecta le nom de Ponts, conséquemment à l'usage par suite duquel les cadets, presque toujours apanagés avec des aleux ou fiefs, héritage de leur mère, en adoptaient l'appellatif, d'autant qu'à cette même époque les noms de fief n'étant pas encore noms de famille, tout possesseur dans le Pontois pouvait se qualifier seigneur de ce qu'il y possédait, fut, disons-nous, un *Renaud*, outre aussi plusieurs *Geoffroy* dans le rameau dont il s'agit; plus des *Hélie* et des *Robert*.

Passant aux vicomtes d'Aunay, tout ce qu'on vient d'exposer montre comment et pourquoi ils possédaient à Ponts même des biens plus ou moins notables, à savoir, spécialement l'église de Saint-Martin, puis la chapelle de la Vierge *sur la porte du château*, et, sans doute, met à néant le système qui a voulu que les vicomtes d'Aunay aient été hauts seigneurs de Ponts, par quoi les sires de ce nom en tireraient leur origine, système devant le jour à M. Élie de Beaumont, ancien évêque de Saintes, et que sur son autorité plusieurs (nous aussi quelque peu, car le moyen de n'errer pas en tous ces vieux labyrinthes?) ont cru devoir accueillir. Pour achever néanmoins la démonstration *ad rem*, lisez ces derniers paragraphes sous forme de résumé.

— Renaud I, en querelle ou guerre avec le comte de Poitou, à l'effet de se conserver l'*honneur* (bénéfice) de Ponts, le possédait à coup sûr, d'autant qu'un plaid écarta ceux qui le lui contestaient : *Iterum curia judicavit nullum rectum habere Joffredo in onore Ponti et Reginaudus semper habendam.* — Là, point de vicomte d'Aunay.

— Plusieurs y avaient toutefois une part à tel ou tel titre : *Willelmus Boech... qui habebat partem suam in onore Ponti*, etc., mais comme de la famille, témoin le *partem suam*.

— Hélie *de Ponto* et son frère Constantin le Gras I du nom étaient assurément du nombre, témoin encore le surnom.

— Ils appartenaient à la race, attendu que c'est à Robert, fils certainement de Hélie, que Renaud I s'adressa pour défendre l'héritage, et que Robert ne l'accorda que moyennant la cession d'un aleu à joindre à celui que son père avait obtenu, ce à quoi, *nota bene*, ledit Renaud se refusait, voulant n'accorder que le dû : *Ipse vero Reginaudus volebat sibi per suam fidem firmare quod tantum demitteret quantum per rectum conquirere posset*, etc.

— Cette branche ne dura guère, car on n'en trouve aucun vestige après la mort de Renaud Ier.

— Cependant, vers cette époque, Sénégonde, femme assurée

du vicomte Cadélon II, possède plusieurs aleux au territoire de Briou, que Renaud avait en partie concédé audit Robert, fils de Hélie *de Ponto*, frère de Constantin le Gras, à quoi il faut ajouter, avec d'autres biens sans nul doute, notamment à *Saint-Sever* (voir plus haut à cet égard), Saint-Martin et la chapelle sur la porte du château, qui appartinrent après elle à son fils Cadélon III, comme on le verra bientôt, c'est-à-dire en général, *partem in onore Ponti.*

— Sénégonde était donc Ponts, car quelle autre que l'héritière d'une branche apanagée aurait pu apporter alors chez les vicomtes d'Aunay les aleux susénoncés? — Son beau-frère avait nom *Aimar*. Le petit-fils de Renaud I eut ce même appellatif. Nouveau témoignage *ad hoc*.

— Un fils puîné de Sénégonde et dudit Cadélon II, lequel fut nommé *Renaud*, personnellement vicomte après Eble, un de ses frères : *Kadelo vicecomes et Arsendis uxor sua, et frater ejus vicecomes Ebolus*, etc. (Besly, 280), reçoit, lui, comme de coutume, la plus forte part des biens qu'avait apportés sa mère. Ces biens étaient dans le Pontois, et peut-être encore à Ponts. Les héritiers de ce fils (Renaud II en cette ligne, Renaud III, Hélie, Guillaume, Renaud IV, Constantin le Gras, Robert, Geoffroy, Guillaume-Hélie; bref, un dernier Constantin) en tirèrent et durent tirer leur nom qualificatif, se disant même seigneurs à cause de leur portion, sans que les sires de Ponts pussent y trouver à redire, tant parce que, suivant l'usage, les copossesseurs d'un fief retenaient le nom de ce fief, et son titre également, soit les Comborn et les Ponts, covicomtes de Turenne, que parce que, dans l'espèce, la possession remontait au temps où les noms de fiefs n'étaient pas devenus encore noms particuliers de famille. — Les motifs de ce degré sont : 1° que ledit Renaud avait des droits sur Briou, attendu que le cartulaire de Saint-Cyprien, à Poitiers, le montre comme approuvant le don fait à ce monastère par l'abbé Fulcoin d'un aleu situé au susdit Briou, chose également des vicomtes ; 2° que dans une charte de 976 il figure immédiatement après le vicomte d'Aunay (lequel était Cadélon III) : *Sig. Cadelonis vice-*

comitis; sig. Rainaldi vicecomitis. Item Rainaldi (très-probablement son fils), etc. Voir le cartulaire cité, pièce 36, et *Gallia christiana* (II, 1161).

Telle est la vraie origine de cette branche Ponts-Aunay, qui a fort embrouillé les cartes, et, du reste, n'avait pas seule tous les biens de Sénégonde, car il paraît que Guillaume ne s'était pas dessaisi de la totalité des fiefs ou droits qu'il avait à Ponts, voire même dans le *castrum*, choses qu'après un second fils, nommé Constantin le Gras (qualifié fils d'*Aldéarde*, femme du précédent Guillaume, avec laquelle il fonda l'église de Saint-Léger; *Cartul.* de Saint-Cyprien), sa fille Emme, sinon plutôt l'héritière de ce fils, porta aux seigneurs de Ponts (ensemble, notamment Berneuil), c'est-à-dire à un cadet, savoir, Bertrand (sixième fils), qui, père d'un Cadélon, forma le rameau de Berneuil, éteint après quelques degrés, et chez lequel se retrouvent plusieurs *Constantin le Gras.*

Maintenant, un mot relatif à certaines allégations pour la thèse ici combattue.

1. La fameuse charte donnée sous l'an 1067 par Guillaume, vicomte d'Aunay, en faveur de Saint-Florent, a été et est encore le principal argument invoqué aux fins d'établir que les vicomtes d'Aunay possédaient le *castrum* de Ponts, à savoir, la seigneurie; mais, à la bien examiner, elle prouve le contraire. Guillaume y marque, en effet, d'abord que les biens donnés lui venaient de SON AÏEUL; ensuite, que ces mêmes biens, donc Saint-Martin et la chapelle, se comportaient des ALEUX : *Ego igitur Willelmus vicecomes de Odenaco prænotata divinæ misericordiæ medicina præposui uti erga eos quorum corporibus proficiat ad temporalem salutem inde vero humanitati cum animabus ad vitam finis nesciam peccatorum meorum propriæque cognationis maxime vero patris ac matris* avique a quo processerunt michi res ipsius medicaminis *filii quoque mei Cadelonis non immemor. Notum itaque habeant fideles sanctæ Dei Ecclesiæ; cum oppidanis nostris, quos donationis nostræ fore testes et tutores postulamus, quoniam pro delictorum meorum et prescriptæ progenici a Domino percipienda remissione*

cenobitis sancti Florentini Salmuriensibus perpetualiter habendam concessi ecclesiam Sancti Martini de Ponte et decimas atque terras et vicariam et omnem consuetudinem quæ ad eam pertinent, capellam quoque beatissimæ Mariæ quæ est supra portam castri Pontis, dedi etiam de alodis meis, etc. Or, faisant observer de suite que les biens susénoncés étaient des *aleux*, savoir, des biens patrimoniaux libres, tout autres que les *honneurs* subséquemment nommés fiefs, et que le don de ces aleux ne saurait prouver dès lors que Guillaume possédât la haute seigneurie de Ponts, ou autrement le *castrum*, bien qu'au fait il y eût part, nous opposons, comme thème, que l'aïeul dont Guillaume dit tenir les biens octroyés (l'église de Saint-Martin, la chapelle, etc.) était au sûr Cadélon III, fils aîné de Cadélon II et de sa femme Sénégonde ; qu'exprimer que ces biens à Ponts provenaient de cet aïeul, est déclarer que celui-ci les avait reçus de sa mère, puisque autrement ils seraient venus non de lui seulement, mais encore du bisaïeul, du trisaïeul, etc.; enfin, que cela exclut l'idée que les biens à Ponts, et Ponts *a fortiori,* fussent un propre d'Aunay.

II. Les mots : *cum oppidanis nostris quos, etc.*, que présente ledit instrument, ont été pour la question un autre champ de bataille, en ce qu'aux yeux prévenus ils montrent que le donateur se tenait propriétaire de la ville et du château. Mais l'église de Saint-Martin possédant la juridiction (*vicariam*, exprime l'acte) sur partie de la ville basse (bourg, *alias* faubourg de Ponts qui était nommé les Aires), comme on le verra tout à l'heure, et dès lors ayant des *hommes*, lesdits mots ne peuvent s'entendre que des *hommes* précités, mention tout à fait étrangère à la seigneurie du lieu, d'autant même que la justice du *castrum* et de Saint-Martin étaient choses fort distinctes (nouvelle marque de partage entre deux frères, Renaud I et Constantin le Gras *de Ponts*), tellement qu'il en naquit de fréquentes difficultés : « Reynaud, sire de Pons, chevalier, ayant voulu exercer plusieurs actes de justice et de propriété au bourg de Pons, où les religieux de Saint-Martin avoient toute juridiction, il s'éleva un différend entre les religieux et le seigneur de Pons; Guillaume d'Usseau, Pierre de la Ferrière, Guillaume de Blanzac, choisis pour arbitres par les parties, prononcèrent en faveur des religieux. Leur sentence est datée du mardi après les Rameaux, 1231. » (*Arch. de Saint-Florent.*, Trés. généal. de dom Villevieille.)— La ville proprement dite était autour du *castrum*, et même dans une paroisse de très-antique origine, nommée *Saint-Sauveur du Château*, que M. l'abbé Briaud croit avoir été collégiale.

III. On peut remarquer de plus que pas une seule fois Guillaume ne fait entendre que le *castrum* lui appartient. Il met *castrum Pontis*, alors qu'il a soin d'écrire ailleurs *meis* après *alodis* et *in meo honore*, parlant de concessions anciennes faites dans sa vicomté aux moines de Saint-Florent : *Annui quoque libenter et annuo quidquid in* meo honore *dabitur sancto Florentino*. L'acte se termine ainsi : *Actum hoc publice apud eum castrum Pontem*, etc. On a voulu convertir le mot *eum* en *meum;* mais j'ai une copie écrite, à ce qu'il paraît du moins, par M. de Beaumont lui-même, dont le marquis de Bourdeilles a bien voulu me gratifier. *Eum* s'y lit parfaitement. La note, vu la mention faite plus haut du *castrum*, signifie : Fait publiquement au *susdit* château de Ponts, si toutefois, chose probable, *eum* ou, si l'on veut, *meum* n'est pas une interpolation, car on lit différemment. Ajoutez qu'*eum* et *meum* sont également insolites, surtout le dernier, attendu que la possession d'un *castrum* était trop constante et connue pour que le propriétaire le dût exprimer dans un acte fait aux yeux des habitants. On pourrait même assurer qu'il n'en existe aucun exemple : *Actum publice apud Pontem..... anno Domini millesimo ducentesimo trigesimo tertio*. (Charte de Renaud III, sire de Ponts.) — *Datum apud Corcorillum*, etc. (Charte du même Renaud III.) Le *castrum* de Courcoury lui appartenait bien pourtant, comme il avait appartenu, dès 898, à Renaud I, contemporain de Cadélon, premier en date, nouvel et très-bon argument contre l'erreur qui fait descendre les sires de Ponts d'Aunay, après le vicomte Guillaume.

IV. Un dernier motif enfin qui nous semble de nature à fermer la discussion, est que si, comme on le veut, les sires avaient été une branche sortie d'Aunay, ils auraient eu pour suzerain l'aîné de cette famille, cependant que leur hommage alla toujours jusqu'à la fin aux ducs-comtes de Poitiers ou à qui les représentait. La preuve du premier cas consiste (voyez plus haut) en ce que Cadélon V, donnant à Saint-Jean d'Angély ses domaines à *Saint-Sever*, excepta formellement le fief qu'avait Renaud de Ponts (membre du rameau Ponts-Aunay), qui, partant, l'avait pour seigneur. Celle de l'autre est partout.

En ce qui touche l'origine des premiers vicomtes d'Aunay, la question est plus difficile. Nous croyons que leur auteur fut frère de saint Guillaume, à savoir Théodoric, après lequel apparaissent le duc et le comte Maingot, et cela par les motifs abrégés qu'on va déduire sous les chiffres afférents à leur individualité.

1. Le point de départ est, suivant l'opinion accréditée et les actes qui leur compètent, que les vicomtes d'Aunay tenaient masculinement à la maison d'Aquitaine dont saint Guillaume était le chef, mais non par lui, et dès lors par tel ou tel de ses frères, opinion que favorise la circonstance notable qu'ils figurent presque toujours dans les chartes qu'octroyaient les ducs-comtes de Poitiers, très-souvent même après eux, et les dignitaires d'Église. (Voir *Besly* spécialement.) Or, cela dit et le mariage de Sénégonde accepté, ils ne venaient pas d'Adelelme, principe des sires de Ponts, attendu la proximité qui, surtout à cette époque, aurait rendu impraticable toute alliance matrimoniale. La postérité de Guillaume et de Theudoin nous est connue, impossible de chercher là; reste donc *Théodoric*, que dom Vaissette, au surplus, croit avoir engendré Rainald, comte d'Herbauge et de Nantes, puis encore, est-il ajouté, Alédran, marquis de Gothie, ce qui n'est guère probable, à moins qu'il ne soit question de quelques enfants puînés.

2. Les *Annales ecclésiastiques* (tome VII, 360) nous apprennent qu'un Maingot, duc ou préfet du pays où est situé Wurtzbourg, fonda, sous l'an 815, le couvent de Scharczachium avec sa femme nommée Ima, *alias* Imina. Le sixième fils d'Adelelme,

frère de Théodoric, s'étant appelé Émenon (Imon chez quelques auteurs), il se peut que ce soit à cause d'Ima, femme du duc Maingot. C'est le *fil* qui rattacherait ce dernier à Théodoric, outre que son titre ducal exclusivement réservé vers l'époque dont il s'agit, comme le *vir illuster* à la famille pepinienne et avant aux Mérovingiens, est un indice du fait. Il commandait en Germanie, premier anneau pour le suivant, plus encore le nom singulier, espèce de sobriquet (voir plus loin à cet égard) qu'ils affectèrent l'un et l'autre.

3. Le comte Maingot habitait certainement la Germanie et y avait des bénéfices, puisque une partie des siens fut donnée après sa mort, par Arnoul, roi de Germanie, à son bâtard Zwintibold : *Arnulfus Wintibolcho filio honores Megingaudi comitis ex parte largitur.* (Annales de Metz.) — Il est dit *nepos* du roi Eude : *Eodem anno* (898) *mense augusto V cal. sept. Megingaudus comes, nepos Odonis regis, dolo interfectus est ab Alberico et sociis ejus in monasterio sancti Sixti quod vocatur Rotila* (non loin de Trèves ; *Annales* de Metz, Réginon, etc.). — Cette qualité de *nepos* était propre à un cousin envers qui avait le germain ou un titre plus relevé, eût-il en ce dernier cas le degré germain sur l'autre, cependant qu'*avunculus* désignait le supérieur. (Les exemples ne manquent pas.) — Un parentage existait donc entre Eude et le comte Maingot. — Mais le premier était fils d'un petit-fils de saint Guillaume, fait démontré par nous ailleurs. — D'autre part, ledit Maingot ne provenait certes pas de ce dernier personnage. — Son auteur était dès lors un des frères précités. — Si maintenant on se rappelle qu'il habitait la Germanie où commanda le duc Maingot, et se nommait comme lui, on ne saurait hésiter à le tenir de son estoc (fils selon toute apparence), et, d'après ce qu'on a dit, provenu de Théodoric.

4. Le tableau, à ce même rang, donne à connaître un Robert tué au siége de Paris, en 886. — Sa preuve ressort du fait sûr qu'il était *avunculus* d'Adelelme (c'est le deuxième), petit-fils d'Adélelme I, qui se qualifiait son *nepos*, et cela, vu l'égalité de leur état respectif, parce qu'il avait le germain.

Unde nepos ejus nimirum tristans Adalelmus
Consulis intererat populo, cui talia dixit :
Eia viri fortes, clypeos sumatis et arma,
Ulciscique meum raptim properamus avunclum.
(Abbon, *Siége de Paris.*)

— La conséquence est qu'il sortait d'un frère d'Adelclme I, à savoir Théodoric, et comme il avait le germain sur ledit Adelelme II, que, fils de Théodoric, il n'était autre que frère du précédent duc Maingot.

Quant à la jonction des vicomtes avec le comte Maingot, voici le paragraphe entier que renferme notre ouvrage, et qui sert aussi de preuve à Robert, fils de Maingot, ainsi qu'au vicomte Maingot.

1° La seigneurie d'Aunay était un fief du Poitou, puisque le duc d'Aquitaine (Guillaume V) en céda la mouvance à Guillaume II, alors comte d'Angoulême (*Besly*, p. 80 et 367). 2° Le comte Maingot avait des biens en Poitou, comme l'établit cette charte : ..... *Lotharius gratia Dei rex. Notum sit omnibus fidelis nostris... quod Willelmus comes* (Guillaume Tête d'étoupe) *adiens præsentiam nostram, humiliter deprecatus est ut regali præcepto nostro quandam curtem uxoris suæ Adelæ firmaremus, quam ei ex suo jure Rotbertus filius Mangaudi comitis largitus ad proprium*, etc... Les biens donnés étaient *curtem Faga nomine... cum Bamarva, Molinis, Nouziaco, Brolio, Barnezio Sadebria... quæ omnia*, ajoute l'acte, *in toto sunt vigenti mansi et quinque, et sunt infra Pictavensem comitatum super fluvium Cleni* (le Clain), etc... *Datum* II *idus octobrias, regnante Lothario, anno* IX, *indict.* V. (*Script. rer. Franc.*, tome IX, 625; *Besly*, 252). 3° On sait, d'autre part, que les vicomtes d'Aunay possédaient aussi des domaines situés sur les bords du Clain, puisque, en 1083, Cadélon V concéda au Moutiers-Neuf de Poitiers, outre l'église de Saint-Paul, quatre maisons et toutes choses dépendant de ladite église jusqu'à la rivière du Clain : *Concessis adhuc* IV *de minoribus casamentis, et quidquid habet ipsa prædicta ecclesia sancti Pauli a muris civitatis usque ad fluvium Clene... Acta sunt hæc Pictavis* VI *idus ju-*

lii, anno Incarnationis Dominicæ 1083. (*Besly*, p. 38 et suiv.)
4° Le premier sujet que nous présentent les chartes comme vicomte d'Aunay portait le nom de Maingot. — Jugement rendu par Eble, comte de Poitiers, pour Isarn : *Ebolus comes firmavit. Sig.* † *Maingodo vicecomitis.* (Audenacum à la marge.) *Sig.* † *Savarici vicecomitis.* (Thoarcium, ibid.) *Sig.* † *Attonis vicecomitis Metulensis*, etc... *Data in mense april. regnante Karolo* (Charles le Simple ; vers 908. *Besly*, p. 224). — Vente d'un aleu faite à Eble, comte de Poitiers, par Emme : *Sig.* † *Emmenæ qui hanc donationem fieri vel adfirmare rogavit. Sig.* † *Maingodo vicecomitis* (d'Aunay. Voy. ci-dessus)..... *Data mense februario, anno* XIII *regnante Karolo rege* (Charles le Simple. *Besly*, p. 223 ; c'est à savoir 913, si l'on compte depuis 900 le règne dans l'Aquitaine).

Or, maintenant nous disons que les domaines sur le Clain, que le précédent Robert avait reçus de son père, le susdit *comte Maingot*, possessionné en Poitou, et ceux que, sur le même fleuve, avaient les vicomtes d'Aunay, montrent clairement un partage, d'où raison de présumer que les vicomtes d'Aunay provenaient du comte Maingot, quand surtout le premier vicomte apparaît ainsi appelé. Nous disons également que la même conclusion doit encore se tirer de ce que *Maingot*, nom tudesque dont le principe est *mein Gott* (savoir *mon Dieu !* voyez plus haut), se retrouve peu après la mort du comte Maingot (année 892) chez les vicomtes d'Aunay, les Surgères, aussi les Melle, et que, sans la cause déduite, on ne saurait trop comprendre qu'il soit venu en Aquitaine.

On demandera peut-être comment le comte Maingot, habitué en Germanie, avait des biens en Poitou, et pourquoi ses descendants se qualifièrent vicomtes. Un mot donc à cet égard.

Rien n'est plus simple à expliquer que la première demande, lorsqu'on aura considéré que saint Guillaume fut duc de la seconde Aquitaine, dont le Poitou faisait partie ; que Théodoric, un des frères, a certainement possédé des aleux en cette province ; qu'il fut père du duc Maingot, et que le comte Maingot dut le jour à ce dernier.

En ce qui touche le titre, on a vu qu'après la mort du même comte Maingot, ses *honneurs* furent donnés par Arnoul à son bâtard, c'est-à-dire, en d'autres termes, que les enfants qu'il avait ne lui succédèrent pas, en raison de leur jeunesse (voyez plus haut à cet égard), et dès lors ne furent pas *comtes*. D'autre part, il est certain qu'à cette époque reculée les fils de comtes recevaient ou prenaient la qualité inférieure de vicomte. Voir, entre les autorités, l'*Art de vérifier les dates*, où il est dit expressément : « que les races comtales donnèrent souvent ce titre (vidame, plutôt vicomte) en apanage à leurs cadets; » (*discours* sur les grands fiefs, II, p. 229); témoin les *vicomtes* de Thouars, du Fézenzagnet, de Béarn, de Béziers, de Louvigny, d'Albi, de Nismes, de Lautrec, de Consérans, de Comborn, etc., etc.; tous fils de comtes, savoir : Poitiers, Armagnac, Gascogne, Marche de Gascogne, Toulouse, Paillas, Rouergue, etc., cependant que ces pays n'eurent titre de vicomté que parce que leurs possesseurs avaient celui de vicomte par la susdite raison; c'est, d'ailleurs, comme analogie, ce que le passage suivant justifie avec évidence : « Les divers pays dont Roger, comte de Carcassonne, disposa en faveur de son fils Bernard... donna l'origine au comté de Foix, origine qu'il faut prendre, non pas de ce que ce domaine (dit seulement *terre de Foix*) avait titre de comté par lui-même, ou de ce que les comtes de Toulouse, qui en avaient la suzeraineté, l'érigèrent en comté... mais de ce que Bernard et ses descendants... qui jouirent de la dignité comtale, s'en qualifièrent comtes. » (*Vaissette*, II, 138.)

Or, les vicomtes d'Aunay se trouvèrent dans ce cas : leur auteur était fils de comte; il se qualifia vicomte, et, comme Aunay en Poitou devint son principal fief, fut titré vicomte d'Aunay. La chose, au reste, est si constante, que, par lui-même, ce fief n'était qu'une *châtellenie* (grande, qu'on ne s'y méprenne), fait établi en ce qu'un titre de 1284, contenant les ordonnances rendues par le duc de Guyenne, met *la chastellenie, terre et seigneurie d'Aunay* au nombre des autres terres et chastellenies du comté de Saintonge (pour la justice s'entend, car Aunay était en Poitou, voir *Maichin*, 167), etc., etc.

INDICE GÉNÉALOGIQUE

EXTRAIT D'UN TABLEAU GÉNÉRAL TOUCHANT LA MAISON D'AQUITAINE

(donné sauf amélioration).

THÉODORIC I, comte ou duc en Saxe (782), consanguin de Charlemagne (petit-fils de Drogon I, frère de Charles-Martel, tous deux nés de *Stichildedride*, 1re fe de Pepin)

1° S. GUILLAUME — 2° &a. — 4° ADELELME I. — 5° THÉODORIC II.

1° &a. 4° BERNARD. 5° HERBERT. 6° &a. — 1° BERNARD, tué en 844. 2° &a. 6° EMENON, cte de Poitiers, puis d'Angoulême, tué en 866. 7° &a. — 1° MAINGOT I (mein Gott), duc en Germanie, 815. 2° ROBERT, tu Paris (886), d'Adelelme

&a. ducs d'Aquitaine, éteints au 3e degré. 1e &a. 3° ROBERT le Fort, cte d'Anjou. — &a. ducs d'Aquitaine héréditaires, éteints. — 1° ARNAUD, duc de Gascogne, tué en 872. 2° ADELELME II, tué en 889. 3° AIMAR, cte de Poitiers, *sine liberis*, mort vieux en 926. — MAINGOT II, comte, tué en 892, *nepos* (cousin) du roi Eude provenu de S. Guillaume, né bien après 815.

&a. Capétiens. — 1° GEOFFROY, comte de Charroux (vers 870). 2° Vtes de LIMOGES, éteints. 3° Vtes de TURENNE, éteints. — 1° MAINGOT III, vte d'Aunay (Besly), 908-913. 2° ROBERT, Maingot, ay nes en Poito

1° SULPICE. — 2° RENAUD I, sire de Pons (*senior*), vers 898 et après. — 3° CONSTANTIN LE GRAS I, *de Ponto*, ayant part à Pons. 4° HÉLIE de *Ponto*, père de Robert idem. — 1° CADÉLON I, vte, idem, 926-936. 2° Seigrs de TAILLEBOURG, 1re race. 3° Seigrs qui ret de *Ma*

1° BOSON le Vieux, cte de la Marche (944). 2° HUGUES le Veneur. 3° &a. — 1° GEOFFROY, I, idem. 2° RENAUD (*junior*), sans doute père de Guillaume et Geoffroy *Boech*. — 1° CONSTANTIN LE GRAS II. 2° Une FILLE (Ségonde), mariée à Cadélon II, vte d'Aunay, héritière des *aleux* et fiefs à Pons de cette branche (*S.-Martin*, &a.), qui, passés ainsi chez Aunay, firent retour par le mariage effectué avec Bertrand de Pons, sauf la donation aux églises. — 1° CADÉLON II, vte idem, fe *Sénégonde*, 936-963. 2° ADÉMAR OU AIMAR

&a. ctes de la Marche et du Périgord, éteints. &a. sires de Lusignan, éteints. — 1° GEOFFROY II, idem, tué en 989. 2° AIMAR, idem (989), fe *Tarasie*, de Gascogne. — 1° CADÉLON III, vte id., droits à Pons du chef de sa mère, ayant *S.-Martin*, &a., fe *Arsende*. 2° ÉBLE. 3° RENA *Ponts*, biens d

1°... 4° BAUDOUIN, idem, fe *Bétilde*, d'Aragon. — 5° HÉLIE, seigr d'Othon (près de Saintes). — 1° CADÉLON IV, vte id., fes : 1re *Asceline*, de Talmont, 2e *Amélie*. 2° CONSTANTIN. — &a. Ram *Ponts*, 1226, te se, cte donna stantin Renaud sire de fut un s Les no *tantin* *naud*, *bert*, plusieu du mar Le *Rena* *to*, sign charte, donna me, éta gré; pr négonde sentir à

1°... 3° BERTRAND le Fort, idem, fe *Elisabeth*, de Toulouse. — &a. seigrs d'Othon, puis de Bergerac, terminés en Margte *Budel*, mariée à Renaud IV, sire de Pons (parents *ex utroque latere*.) — 1° GUILLAUME, vte idem, donation à S. Florent de S. Martin, &a. (1067), aleux dits venus de son aïeul (Cadélon II), preuve du mariage susdit, fe *Aldéarde*. 2° CONSTANTIN. 3° MAINGOT.

1°... 3° RAOUL, idem, fe *Garmasie* (de Bourgogne). — 4° BERTRAND, fe *Emme* ou *N.* d'Aunay-Pons, héritière de cette branche. — 1° CADÉLON V, vte, idem, fe *Florentia*, 1070, après 1080. 2° CONSTANTIN LE GRAS, dit fils d'*Aldéarde*. 3° EMME, mariée à *Bertrand* de Pons, auquel elle apporta les droits d'Aunay à Pons, Berneuil, &a., à moins que cette héritière n'ait été plutôt la fille du frère (Constantin le Gras), dont l'appellatif reparaît dans le rameau Pons-Berneuil (éteint en 1284), ce qui est la raison de croire.

1°... 2° PONCIUS, idem, 3° &a. fe *Garmasie*. — CADÉLON, coseigneur à Pons avec Poncius (1157). — &a. vicomtes d'Aunay, dont l'héritière porta la vicomté à Ponce de Mortagne (Pons), auteur des seconds seigneurs de Mortagne, vicomtes d'Aunay.

1°... 2° GEOFFROY III, idem, fondateur de l'Hôpital-Neuf (1191); fes : 1re *Agnès* d'Angoulême; 2e *Almodis*, de Mortagne. 3°... 4° RENAUD dit le Vieux. 5° &a. — &a. Rameau de Berneuil, éteint; fiefs revenus aux aînés en 1284.

1° RENAUD II, idem, dit le Jeune, fe *Mathe*, de Barbésieux. — 2° GEOFFROY, dit PONTUS *de Asneriis*, ainsi nommé (acte de 1250) à cause de sa famille et de son fief de *parage*. 3° RICHARD, seigr de M chef de sa mère, *sinc*

1°... 2° RENAUD III, idem; fes : 1re *Agathe*, d'Angoulême; 2e *Marguerite*, de Montignac. — 3° HÉLIE, dit *Budel*, seigr de Mortagne, fe *N.*, de Montignac. — 1° GOMBAUD I, seigr d'Asnières (1235), fe *Arsende*, de Lusignan, possesseur d'aleux ou fiefs provenus d'*Agnès*, d'*Angoulême*, à et sous *Plassac* entre autres. 2° seignrs de JAZENNES, éteints. 3° seignrs de FLEAC, idem.

&a. Sires de Pons, éteints en ligne directe dans la personne d'Antoine (1586). — PONCE, seigr de Mortagne, fe *N.*, héritière d'Aunay. — &a. seigrs d'Asnières, filiation dûment établie de père en fils jusqu'à cette heure (preuves de cour, lettres patentes d'érection, et autres originaux). — Deux alliances subséquentes avec les sires de Pons, savoir : Arsende et Létice *de Ponto*.

&a. seconds seigrs de Mortagne, vtes d'Aunay, éteints vers 1350.

Paris. — Typographie de Firmin Didot frères, fils et Cie.

FRAGMENT

DE LA CHRONOLOGIE DONT LE TITRE SE LIT PLUS HAUT.

DUCS DE LA SECONDE AQUITAINE.

BOGGIS II.

XI. Si chez les vieux annalistes rien ne dit expressément que Boggis, duc d'Aquitaine, était né de S. Arnoul, on peut du moins suppléer au manque de textes formels. La raison de croire est : 1° que l'Aquitaine austrasienne fut donnée à S. Arnoul après son père Boggis I (autrement Bodégisile), fait strictement démontré à l'article du premier, non moins que ses ascendants (Mundéric et Clodéric) jusqu'à Sigebert le Boiteux, roi de Cologne, provenu d'un frère de Mérovée, et que ses deux premiers fils la tinrent également ainsi que leur postérité; 2° que l'autre Aquitaine, dont Toulouse était capitale, fut le partage d'un frère qui, selon toute apparence, a dû être Sadrégisile, duc réel de cette Aquitaine; 3° que les enfants de ce dernier personnage s'étant vu exhéréder pour n'avoir pas vengé sa mort, comme on l'a dit précédemment, il est fort naturel d'admettre, à raison de l'ordinaire, que le duché vint alors à quelque neveu paternel du même Sadrégisile, savoir, en notre hypothèse, à un fils de S. Arnoul, non pas, toutefois, Anchise et Clodulfe, ducs préposés à l'Aquitaine d'Austrasie, mais au frère venant après; 4° que le duc d'Aquitaine dont il s'agit présentement s'appelait Boggis, Botgis, *alias* Bodégisile, nom qu'avait porté, sans nul doute, le père de S. Arnoul, et que l'usage constant, déjà signalé ailleurs, voulait qu'un des petits-fils relevât le nom de l'aïeul; 5° d'après cette coutume, que le Boggis en question eut un fils nommé Arnoul à cause de S. Arnoul (voir plus loin à ce propos). Boggis fut marié deux fois : premièrement avec *N.;* secondement avec sainte *Ode*, comme l'expriment ces textes: *Oda, uxor*

Boggis ducis Aquitanorum, claret in Gallia, etc. (Chronique de *saint Martin*, Tours.) *Sancta Oda, uxor Boggis ducis Aquitanorum, sanctitate claret in Gallia.* (Annal. de Sigebert, *Script. rer. Franc.*, III, 345.) A l'égard de l'autre femme, voyez l'article qui va suivre. Ses enfants furent :

Premier lit.

— Bertrand, dont il s'agira.

Second lit.

— Arnulfe ou Arnoul. Le rang qu'il occupe en cette place résulte de ce passage : *In actis sanctæ Odæ viduæ, Arnulfus patrem Botgisum, matrem S. Odam habuisse fertur* (Chronol. brevis, etc., *int. Act.* ss. ord. S. Bened., II), qu'avec nombre de modernes, le *Gallia christiana* veut appliquer à S. Arnoul, en raison de ce que l'auteur de la légende (suspecte) relative à S. Clodulfe tient qu'une *Doda* fut sa mère, ne remarquant pas que le texte dit sainte Ode, non l'épouse, mais bien la mère d'Arnoul, qui dès lors n'est S. Arnoul. Ajoutez, d'ailleurs, que *Doda* était Suève d'origine, et sainte Ode du sang royal. On va voir prochainement qualifier l'Arnoul en question propre oncle de S. Hubert, ce dernier fils de Bertrand, comme encore né de sainte Ode.

BERTRAND.

XII. Tout ce qu'on peut exposer à l'égard de ce personnage, de sa femme et de ses enfants est inclus en cette pièce :... *Venerabiles domini, vos facetis querimoniam de nomine patris S. Arnulphi vestri patroni ; de hoc rescribimus vestris reverentiis, quod pater S. Arnulphi vocabatur Boggus qui fuit dux in Aquitania, prout invenietis in legenda B. Odæ per nos transmissa... Quia Boggus habuit duas uxores : ex prima genuit Bertrandum et ille Bertrandus, ex sua conjuge vocata Phigberta, genuit S. Hubertum, quæ Phigberta fuit soror legitima B. Odæ viduæ. Post mortem suæ primæ uxoris, idem Boggus desponsavit beatam*

Odam ex qua genuit B. Arnulphum vestrum patronem, et B. Oda fuit amita S. Huberti, et B. Arnulphus filius B. Odæ fuit avunculus S. Huberti, ex parte Boggi patris sui quia Bertrandus et S. Arnulphus fuerunt fratres non de una matre, sed de duabus matribus, et de uno patre scilicet Boggo. Item sanctus Arnulphus desponsavit sibi unam nobilem dominam in qua genuit Anchisum ducem, qui Anchisus habuit in uxorem B. Beggam de Andradana, sororem S. Gertrudi ugis(sans doute virginis) *in qua Beggam Pipinum, prout omnia ista reperimus in chronicis Leodiensibus*, etc. (Lettre du prévôt et des chanoines de *Sainte-Ode d'Amaine,* adressée aux pères de Saint-Arnoul (Metz), 1446. Voir *Calmet,* I, preuves, 109 en son histoire de Lorraine.)

Ce document est précieux pour la matière en question; mais qui voudrait s'autoriser de son entière teneur, comme quelques-uns l'ont tenté, rencontrerait à chaque pas des obstacles insurmontables. Il faut, pour en faire usage, y distinguer deux parties, l'une reproduisant les faits contenus dans une légende que le chapitre d'Amaine avait alors sous les yeux, et qui doivent être admis, d'autant que l'acte subsiste; l'autre exprimant la croyance que l'évêque saint Arnoul était le même personnage que l'Arnoul, frère de Bertrand, laquelle est inadmissible. Ainsi donc :

Il est certain que Boggis, duc d'Aquitaine, a été père d'un Arnoul; que, marié deux fois, il a eu de N..., sa première femme, Bertrand (duc en Aquitaine), et de sainte Ode, la seconde, l'Arnoul dont il s'est agi; que Bertrand ayant épousé Phigberte, sœur de sainte Ode (laquelle était sa belle-mère), eut saint Hubert de ce mariage; que sainte Ode fut tante (*amita*) de ce dernier individu, qui encore avait pour oncle Arnoul, frère de Bertrand.

Il est absolument faux que l'Arnoul, fils de Boggis et de ladite sainte Ode, ait été le saint Arnoul qui fut évêque de Metz; faux dès lors que cet Arnoul soit devenu mari de Begge, père d'Anchise, géniteur de Pepin I, etc.

La preuve du premier dire résulte de ce que les faits énoncés par les chanoines relativement à Boggis, sainte Ode, Arnoul (non saint Arnoul), sont réellement inclus dans la susdite légende ou la chronique de Liége ; que la parenté de sainte Ode à l'égard de saint Hubert, et son mariage avec Boggis qualifié duc d'Aquitaine, se retrouvent écrits ailleurs : *Erat quidam adolescens nobilis Aquitanus genere, sub Theodorico rege comes palatii, Hubertus nomine et litterarum studiis eruditus, et armarum exercitatione strenuus... Adhærebatque illi quasi comes individua amita sua Oda qua extitit Boggis Aquitanorum ducis recens defuncti vidua*, etc. (Conversion de saint Hubert par un auteur contemporain; voyez *le Cointe* en ses Annales, année 688, sous le nombre 39.) — *Octobris* 24, *in villa Amavia super fl. Mosæ, natalis S. Odæ viduæ, amitæ scilicet S. Huberti*, etc. (Molanus, en ses additions au Martyrologe d'Usnard ; apud Blondel, *præfat.*) : toutes choses qui autorisent à considérer le reste, pour les faits, bien entendu, comme également véritable.

Quant à la deuxième assertion, il suffit de faire observer l'impossibilité notoire que saint Arnoul et saint Hubert aient pu naître de deux sœurs, comme aussi que le premier ait été l'oncle du second, puisque l'un, évêque de Metz, mourut vers 640, et que l'autre, évêque de Liége, finit en 727. C'est, du reste, ce que le Cointe a parfaitement senti, témoin ces paroles conformes : *Ut distinctionem ineamus, cogit ipsa ratio temporis, nam quomodo censeri possunt Arnulfus et Hubertus e duabus sororibus geniti, cum pontificales infulas susceperint, Arnulfus anno Christi sexcentesimo undecimo* (lisez plutôt 624), *Hubertus anno Christi octavo supra septingentesimum?* (Annales ecclés., *tome* IV, ann. 702, sous le nombre 42.)

Que si maintenant on cherchait quelle peut être la cause de l'erreur très-manifeste où les chanoines sont tombés, il serait dit que, sachant le père de saint Arnoul nommé Boggis (Bodégisile), soit pour l'avoir vu énoncé par le chroniqueur Éginhart, soit encore dans le diplôme donné par Louis le Débonnaire sous l'an 835, et relaté dans une charte de l'empereur Sigismond (1421), qui l'appelle *Bodagislus* (*Gall. christ.*, XIII,

692), ils ont cru que ce personnage n'était autre que le Boggis père de Bertrand et d'Arnoul, à part même la raison que le Cointe donne en ces termes : *Ecclesiæ suæ plurimum decoris accessurum putamus Amanienses canonici, si quam patronam colebant Odam, ea mater S. Arnulfi Metensis olim episcopi crederetur* (Annal. ecclésiast., *ibid.*, n° 43). Bertrand fut duc en Aquitaine (Molanus, Aubert le Mire, Hauteserre, etc.), et peut-être avait cessé d'exister avant son père. Selon la partie authentique de la lettre précédente, il avait épousé Phigberte, sœur de sainte Ode, sa tante comme femme de son père (toutes deux du sang royal), fille, selon Audigier (tome II, 225), de Childebert dit le Juste, et portant le nom d'Hugberte, dont lui naquirent notamment :

— Saint Hubert, qui va paraître.

— Eude, qu'on mentionnera.

— Peut-être encore *Rémistan*, à moins qu'il n'ait été bâtard, ce que la mort ignominieuse que Pepin II lui fit subir, au cas de preuve à cet égard, semblerait autoriser. (Voir notre dissertation sur la *Charte d'Alaon.*)

SAINT HUBERT.

XIII. Les particularités relatives à ce duc, patron célèbre des chasseurs, se trouvent dans son histoire (*apud Surium*, 3 novembre) et celle de sa conversion (*du Chêne*, tome Ier, 678). Les textes ci-dessus donnés, joints aux deux notes suivantes : — *Sunt qui scribunt beatum Hubertum filium fuisse Bertrandi ducis Aquitaniæ* (Surius). — *Hubertus patre Bertrando Aquitaniæ ducis natus* (Aubert le Mire), établissent qu'il était fils de Bertrand, son prédécesseur, fait que vient encore appuyer la certitude que sainte Ode était sa tante (*amita*), sœur de sa mère, laquelle Ode avait été, comme on l'a dit, belle-mère de son père). Chacun peut voir, en effet, qu'il n'a pu être neveu de sainte Ode, femme certaine de Boggis (ou Buotgis), qu'autant que cette même Ode aurait été sœur de sa mère ; et comme celle-ci était Phigberte, femme de Bertrand, qu'il naquit bien de ce dernier. Duc en la seconde Aquitaine, où son aïeul commanda jusqu'à sa mort, arrivée, au dire de Sigebert, sous l'an 688 ; item, comte du palais sous le roi Théodoric, alors maître de l'Austrasie, il quitta le monde par suite d'une vision miraculeuse qui l'avait frappé à la chasse, alla trouver saint Lambert, évêque de Mastrecht ou Liége (année 672), le remplaça audit siége, et, après une sainte vie, mourut en 727. Sainte Ode, devenue veuve (dès 688), réalisa le projet de se réunir à lui, comme on l'a vu précédemment, et le fit son héritier : *Legavit S. Huberto confessori ab illo tempore episcopo Leodienso suo consanguineo*, etc., dit le Cointe en ses Annales (an 712, nombre 9). Un passage ainsi conçu : *Cum in parochia Tungrensi, ara, memoratum principem Pepinum, vir illuster Hubertus aliquandiu conversaretur* (Vit. S. Lamberti, *cap.* 13), peut, au surplus, témoigner que l'extraction de Boggis II, aïeul du même saint Hubert, fut celle dont il s'est agi, en ce que le personnage est qualifié *vir illuster*. (Voir nos remarques antérieures.) Quelques-uns, Audigier entre autres (II, p. 226), veulent qu'avant sa prélature il ait épousé Floribane, dont il aurait eu Floribert, lequel serait devenu, sous l'année 727, son successeur à Mastrecht.

EUDE.

XIII. L'origine de ce duc a toujours été un problème que la charte d'Alaon a rendu comme insoluble On avait pourtant sous les yeux un document respectable et de haute antiquité, à l'aide duquel chacun pouvait trancher la question. C'est l'histoire déjà citée, où l'annaliste retrace la conversion de saint Hubert. Cette pièce dit, en effet, qu'Eude était son frère puîné, fait reproduit en ces paroles : *Anno itaque* 688 (temps où Boggis cessa de vivre) *Theodorico, Galliæ regi, balteum militarem reddidit* (saint Hubert) ; *Eudoni fratri juniori principatum cessit et vitæ sanctionis studio totum se dedit* (Aubert le Mire ; voir le *Cointe*, année 702, tome IV, sous le nombre 41), et que dom Vaissette lui-même, nonobstant ses préjugés pour la généalogie qu'offre la susdite charte, rappelle de cette manière : « La parenté de saint Hubert avec Eude fils de Boggis (erreur ; lisez petit-fils) est prouvée par le même historien de la conversion de ce saint qui rapporte qu'il renonça à la principauté d'Aquitaine vers l'an 688, en faveur de son frère puîné, etc. » Nous ferons remarquer, du reste, comme induction à l'appui, qu'Eude (écrit en latin *Odo*) n'est rien n'autre évidemment que le nom de sainte Ode (*Oda*) que Bertrand aurait donné au plus jeune de ses fils, en mémoire de sainte Ode, femme de Boggis, son père. D'une épouse qui ne fut ni Waltrude, ni Wandrade (*voir* notre dissertation sur la charte d'Alaon), le duc Eude, mort, dit-on, sous l'an 787, ou du moins vers cette époque, eut certainement pour fils :

— Waifre, dont il va s'agir.

— Hunold, qu'on mentionnera.

— Hatton, que son frère Hunold fit cruellement aveugler en 754, et reléguer en prison, où bientôt probablement il termina son existence. Voir *in fine* à son égard.

WAIFRE.

XIV. L'opinion presque générale est que ce duc d'Aquitaine (tué en 768) était fils aîné d'Hunold. Nous sommes loin d'y adhérer, et tenons pour sûr, au contraire, que la déduction précédente est conforme à la vérité. Voir encore à cet égard la dissertation susdite, et pour les faits particuliers relatifs à tous ces ducs, soit les anciens annalistes, soit les historiens modernes.

HUNOLD.

XIV. Même considération en ce qui touche ce dernier, qu'en 774 lapida le peuple à Pavie.

Voilà, selon toute apparence, à part ce qu'on lira plus loin, comment après la rude guerre que leur firent Pepin I, Charles Martel, Pepin II, pour cause de l'autorité qu'ils voulurent s'attribuer à titre de souverains indépendants de la couronne, finirent ces ducs d'Aquitaine, issus, non de Charibert, mais de saint Arnoul par un fils, frère d'Anchise et de Clodulfe. Ainsi tombent les belles phrases sur les droits mérovingiens, les héroïques efforts tentés pour les recouvrer, non moins que l'*usurpation* de la famille pepipienne, et surtout l'étrange système qui fait d'Eude un *aventurier*, une espèce d'aérolithe tombé duc en Aquitaine ! Voyez le tableau suivant.

BODÉGISILE ou BOGGIS, duc de l'Aquitaine austrasienne, troisième rejeton mâle de Sigebert, roi de Cologne.

- 1° S. ARNOUL, duc idem, ensuite évêque de Metz, décédé vers 640.
  - 1° ANCHISE, duc idem, tué en 673.
    - PEPIN I, dit de *Herstal*, duc idem, maire du palais, décédé en 714; f[es] : 1re *Stichildédride*, 2e *Plectrude*.
      - 1° CHARLES MARTEL, mort en 741.
        - PEPIN II, roi, mort en 768.
          - CHARLEMAGNE.
            - &a. rois carliens.
      - 2° DROGON I, duc de Bourgogne.
        - 1° ARNULFE, 2° &a. duc idem.
          - 1° THÉODORIC, comte ou duc en Saxe, *propinquus* de Charlemagne.
            - 1° S. GUILLAUME, duc d'Aquitaine, 2° &a. après Chorson, destitué.
              - &a. rois capétiens.
  - 2° CLODULFE, duc en Aquitaine, ensuite évêque de Metz.
    - &a. comtes d'Autun.
  - 3° BOGGIS II, duc de la 2e Aquitaine; f[es] : 1re *N.*, 2e *Ste Ode*, mort en 688.
    - 1° BERTRAND, duc; f[e] *Phigberte*, sœur de Ste Ode.
      - 1° S. HUBERT, duc, évêque de Liége, décédé en 727.
      - 2° EUDE, duc d'Aquitaine après Boggis, par renonciation de S. Hubert, mort en 737.
        - 1° WAIFRE, duc idem après son père, tué en 768.
        - 2° HUNOLD, duc, tué (774).
        - 3° HATTON, aveuglé sous l'an 754.
          - MANCION, comte, fils d'Hatton, suivant Audigier.
            - CHORSON ou TORSIN, duc d'Aquitaine avant S. Guillaume, dit par le même fils de Mancion, destitué.
    - 2° ARNULFE, dit oncle de S. Hubert.
  - 4° WALCHISUS, duc en Aquitaine.
    - WANDRÉGISILE, abbé de Fontenelle, mort à 86 ans, en 768.
- 2° Peut-être SADRÉGISILE, duc de la 2e Aquitaine.
  - Plusieurs enfants exhérédés.

— Audigier dit (tome II, p. 241) qu'Hatton avait laissé pour fils un comte appelé Mancion, lequel fut père de Chorson, institué duc d'Aquitaine par le fait de Charlemagne. Catel cite un anonyme dont, avec le mot *restitua*, les termes rattachent Chorson aux ducs ses prédécesseurs (Waifre, Eude, Bertrand, Boggis) : *Tolosæ vero præposuit Torsinum, cui Burdigalem, Narbonam et provinciam a suis prædecessoribus licet infidelibus possessam restituit.* Rien à objecter ; la mesure est d'ailleurs conforme à l'usage qui maintenait les bénéfices dans la famille investie. Chorson, ayant mal régi, fut destitué ; l'empereur donna sa charge à saint Guillaume. Vu l'observation précédente, c'est presque dire le premier de la même race que l'autre.

PONTS-ASNIÈRES-LA-CHATAIGNERAYE.

Paris. — Typographie de Firmin Didot frères, fils et Co, rue Jacob, 56.

www.ingramcontent.com/pod-product-compliance
Lightning Source LLC
LaVergne TN
LVHW020309230826
846091LV00006B/2605

9782011786326